La nueva
cocina

MEXICANA

LAROUSSE

La nueva cocina MEXICANA

Enrique Olvera

DIRECCIÓN EDITORIAL
Tomás García Cerezo

EDITORA RESPONSABLE
Verónica Rico Mar

ASISTENTE EDITORIAL
Gustavo Romero Ramírez

FOTOGRAFÍA
Fiamma Piacentini
Leon Rafael

FOTOGRAFÍA COMPLEMENTARIA
© 2007 JUPITERIMAGES, y sus cedentes de licencias. Todos los derechos reservados.
Federico Gil

DISEÑO
Mariano Lara, Ricardo Viesca

FORMACIÓN
Rossana Treviño

PORTADA
Ediciones Larousse, S.A. de C.V.,
con la colaboración de Nice Montaño Kunze

Significado de los símbolos

Dificultad: fácil
media
difícil
Costo: barato
razonable
caro

Este libro se terminó de imprimir y encuadernar
en el mes de Abril de 2014, en los talleres de
Litografía Magno Graf, S.A. de C.V., con domicilio en
Calle E No. 6, Parque Industrial Puebla 2000,
C.P. 72220, Puebla, Pue.

c/s: cantidad suficiente

Todas las recetas rinden para 4 porciones.

Presentación

Cuando una cultura cuenta con una tradición tan rica y una historia tan añeja como la mexicana, parece difícil pensar en una renovación o un cambio: es innecesario. El concepto "nueva" se emplea en este libro como sinónimo de evolución y nunca como sustitución de lo tradicional.

Pero, en un mundo globalizado, donde se está expuesto constantemente a las más diversas manifestaciones culturales; donde se consiguen con relativa facilidad ingredientes que hasta hace muy poco eran prohibitivos, cuando no desconocidos; en que el arte culinario tiene una difusión masiva sin precedentes; en fin, en un entorno tan enriquecedor, los jóvenes chefs —y algunos no tan jóvenes—, se aventuran a experimentar nuevos caminos de expresión para sus creaciones.

No pretendemos juzgar las llamadas cocinas-fusión, aunque criticamos los inventos excesivos y sin sentido. De lo que se trata es de enriquecer la propia tradición tomando ingredientes, técnicas, conceptos que pueden incorporarse a lo nuestro sin que por ello se pierda la esencia, lo fundamental de nuestra cocina.

Pocos chefs son tan reconidos hoy por hoy en México y en el extranjero como Enrique Olvera, quien se ha distinguido por el alto nivel de sus creaciones. Este joven chef cuenta con una larga y exitosa trayectoria propia que le ha ganado el respeto en todos los ámbitos.

Creador de una verdadera *cocina de autor*, con sello propio, las creaciones de Enrique Olvera no dejan de sorprender a sus comensales, a los lectores y a los más exigentes críticos. El juicio es unánime: estamos frente a un gran talento culinario.

Este libro es una "probadita", un acercamiento a los nuevos caminos que puede recorrer nuestra tradición sin dejar de ser nuestra, tan reconocible, tan propia y tan exquisita.

Los editores

Sumario

PESCADOS Y MARISCOS

Aguachile con callo de hacha, pepino y chile amashito

Ingredientes

Vinagreta de amashito

50 ml de jugo de limón

10 chiles amashito

150 ml de aceite de oliva

sal al gusto

Callos de hacha

4 callos de hacha

2 pepinos

50 g de cebolla morada cortada en *brunoise*

50 g de chile amashito cortado en *brunoise*

sal y pimienta recién molida al gusto

Montaje

4 rebanadas de aguacate

4 cuñas de cebolla morada

microgreen al gusto

Material específico

mandolina

Procedimiento

Vinagreta de amashito

· Licue el jugo de limón, los chiles amashito, el aceite de oliva y la sal. Cuele y reserve.

Callos de hacha

· Corte el callo de hacha en trozos, agregue sal y pimienta.

· Pele los pepinos, retire las semillas, rebánelos con la mandolina y córtelos para formar tiras largas y delgadas semejantes a espaguetis. Mezcle con los callos de hacha, la cebolla morada y la vinagreta de amashito.

Montaje

· Sirva en recipientes hondos y decore con las rebanadas de aguacate, la cebolla morada y el *microgreen*.

Brocheta de atún pibil

Ingredientes

Atún y marinada de achiote

100 ml de aceite vegetal

2 chiles guajillo limpios

1 diente de ajo

200 g de achiote

150 g de jitomate guaje

200 ml de jugo de naranja

240 g de lomo de atún cortado
    en cubos

sal al gusto

Shot de achiote

200 ml de jugo de naranja

100 ml de marinación de achiote

50 ml de aceite de oliva

Trufa de frijol

250 g de frijol

½ cebolla

1 diente de ajo

3 ramas de epazote

sal al gusto

Cebolla marinada en limón

100 ml de jugo de limón

½ cebolla morada cortada en cuadros

1 chile habanero

sal al gusto

Montaje

1 rábano pelado y cortado en cubos

½ aguacate cortado en cubos

4 palillos de brochetas

hojas de cilantro

Procedimiento

Atún y marinada de achiote

· Fría en el aceite el chile guajillo y el ajo y deje enfriar. Muela el achiote con el jitomate y el jugo de naranja hasta obtener una marinación homogénea; cuele y reserve.

· Rectifique la sal, incorpore los cubos de atún en la marinación y refrigere por 30 minutos.

Shot de achiote

· Caliente el jugo de naranja hasta reducirlo a la mitad de su volumen original, incorpore la marinada de achiote y cocine por 7 minutos. Cuele, enfríe y añada el aceite de oliva.

Trufa de frijol

· Cueza el frijol en agua fría con la cebolla, el ajo y el epazote durante 2 horas. Añada sal y deje sobre el fuego media hora más o hasta que estén cocidos. Muela sin líquido hasta formar una pasta, deje enfriar y forme trufas.

Cebolla marinada en limón

· Marine la cebolla y el chile habanero en el jugo de limón hasta que el líquido se torne morado. Reserve.

Montaje

· Caliente a baño María las trufas.

· Pase los palillos por agua caliente y limpie con un trapo húmedo. Arme las brochetas colocando un cuadro de cebolla, un cubo de atún, un cubo de rábano, un cubo de aguacate y una trufa de frijol. Sirva el shot de achiote en un caballito o en un recipiente hondo e introduzca la brocheta. Decore con cilantro.

Preparación: 10 min
Cocción: 45 min
Dificultad: 🍳🍳
Costo: ⚖⚖

Capuchino de camarón al tequila

Ingredientes

Bisque de camarón

2 cucharadas de aceite de oliva

2 dientes de ajo fileteados

1 cebolla fileteada

½ kg de caparazones de camarón

250 g de jitomate guaje

50 g de páprika

150 ml de tequila

750 ml de crema para batir

250 ml de leche

sal al gusto

Espuma de tequila

150 ml de tequila

½ ℓ de leche

½ cucharadita de lecitina de soya

sal al gusto

Montaje

chile piquín en polvo (opcional)

Material específico

mixer

Procedimiento

Bisque de camarón

- Saltee en aceite de oliva el ajo y la cebolla; cuando estén translúcidos, incorpore los caparazones de camarón, el jitomate y cocine por 10 minutos. Incorpore la páprika, cocine por 5 minutos más y flamee con el tequila.

- Agregue la crema y la leche, cocine por 10 minutos más, compruebe la sazón, muela, pase por un colador y reserve.

Espuma de tequila

- Ponga el tequila en un cazo pequeño a fuego bajo y déjelo reducir hasta la mitad de su volumen original; incorpore la leche y deje hervir. Agregue la lecitina de soya, mezcle bien y, justo antes de servir, con un *mixer* haga la espuma.

Montaje

- Sirva el capuchino de camarón en un vaso y encima coloque la espuma de tequila. Si lo desea, espolvoree un poco de chile piquín.

Preparación: 1 h 30 min
Cocción: 8 h 20 min
Dificultad: 🍳🍳
Costo: ⏶⏶⏶

Extraviado marinado en chichilo negro

Ingredientes

Guacamole

1 aguacate

aceite de oliva al gusto

jugo de limón al gusto

sal al gusto

Chichilo negro

2 dientes de ajo

½ cebolla asada

400 g de miltomates

10 chiles chilhuacles negros, limpios, asados

2 ℓ de agua

Extraviado

4 lomos de mero extraviado de 200 g c/u

sal y pimienta al gusto

4 cucharadas de mantequilla clarificada

Escamoles

1 cucharada de manteca

1 diente de ajo picado

40 g de escamoles

5 hojas de epazote fileteado

el jugo de 1 limón

sal al gusto

Procedimiento

Guacamole

· Licue la pulpa de aguacate con el aceite de oliva, el jugo de limón y la sal. Cuele y reserve en refrigeración.

Chichilo negro

· Ase los ajos, la cebolla y el miltomate. Retire los rabos, las semillas y las venas de los chiles, áselos y remójelos.

· Queme las semillas sobre un comal o sartén y póngalas a remojar hasta que el agua se enturbie ligeramente. Incorpore los ajos, la cebolla, los miltomates, los chiles, un poco más de agua y cueza a fuego bajo durante 8 horas. Muela, cuele, rectifique la sazón y reserve.

Extraviado

· Salpimiente el pescado y marínelo en el chichilo por 1 hora. Séllelo en un sartén caliente con la mantequilla y reserve.

Escamoles

· Saltee en un sartén con manteca el ajo hasta que dore, incorpore los escamoles y el epazote. Cocine por 2 minutos, agregue el jugo de limón y rectifique la sazón.

Montaje

· Sirva una cama de escamoles, encima el pescado y acompañe con el guacamole y el chichilo negro aparte.

Jaiba suave con los ingredientes del chilpachole

Ingredientes

Gelatina de epazote

150 g de epazote (hojas)

¾ de taza de agua

3 láminas de grenetina

¼ de taza de agua fría

sal al gusto

Chilpachole

50 ml de aceite vegetal

3 dientes de ajo

4 chiles guajillo limpios

100 g de cebolla fileteada

250 g de jitomate guaje

150 g de tomate

2 tortillas pochadas en aceite

20 g de epazote

sal al gusto

Jaibas suave

4 jaibas suave limpias

100 g de harina

sal al gusto

100 ml de aceite vegetal

Procedimiento

Gelatina de epazote

- Blanquee el epazote en ¾ de taza de agua hirviendo con sal; refrésquelo de inmediato en agua con hielo.
- Hidrate la grenetina en ¼ de taza de agua fría y caliéntela. Muela el epazote con el agua en donde se blanqueó, cuele y agregue a la grenetina. Refrigere por 12 horas como mínimo y una vez fría corte en cubos de 2 × 2 centímetros.

Chilpachole

- Sofría en el aceite el ajo, los chiles guajillo y la cebolla por 5 minutos. Agregue el jitomate y el tomate, cocine por 15 minutos, agregue las tortillas y el epazote. Cocine por 5 minutos más, muela, cuele y reserve.

Jaibas suave

- Limpie las jaibas y séquelas con papel absorbente. Enharínelas y agregue sal.
- Caliente un sartén con aceite, selle las jaibas y reserve.

Montaje

- Sirva las jaibas con la gelatina de epazote y aparte el chilpachole.

Preparación: 24 h + 2 h 30 min
Cocción: 3 h 50 min
Dificultad: 🍴🍴🍴
Costo: ⚱⚱

Huachinango con *risotto* de cilantro y queso Oaxaca

Ingredientes

Aceite de limón

100 ml de aceite de oliva

50 g de cáscaras de limón

Crujiente de betabel

200 ml de agua

200 g de azúcar

½ betabel

Salsa de betabel

½ kg de betabel

250 ml de agua

sal al gusto

Pesto de cilantro

50 g de hojas de cilantro

100 ml de aceite

sal al gusto

Risotto de queso Oaxaca

400 g de arroz arborio

50 ml de aceite de oliva

750 ml de agua caliente

250 g de queso Oaxaca

c/s de aceite de cilantro

Huachinango

4 lomos de huachinango de 200 g c/u

sal y pimienta al gusto

80 g de mantequilla

c/s de agua

120 g de almendras fileteadas, tostadas

80 ml de jugo de limón

80 g de cilantro

Material específico

tapete de silicón

Procedimiento

Aceite de limón

· Coloque en un recipiente el aceite de oliva con las cáscaras de limón y deje reposar mínimo por 24 horas.

Crujiente de betabel

· Precaliente el horno a 90 °C.

· Mezcle el agua con el azúcar y caliente a fuego bajo. Cuando tenga la consistencia de almíbar, retire del fuego y enfríe. Corte el betabel en láminas finas. Sumérjalas en el almíbar y repose mínimo por 2 horas. Escurra y colóquelas en un tapete de silicón y hornee 1 hora. Reserve.

Salsa de betabel

· Precaliente el horno a 180 °C y hornee el betabel con sal dentro de papel aluminio por 2 horas. Pele y corte en cubos. Muela con el agua hasta obtener una salsa. Verifique la sazón, cuele y reserve.

Pesto de cilantro

· Coloque sobre el fuego una cacerola con agua y sal. Cuando hierva blanquee el cilantro y refrésquelo en agua con hielo. Muélalo con el aceite y la sal y cuele para eliminar el exceso de líquido (se necesita una consistencia espesa). Reserve.

Risotto de queso Oaxaca

· Cocine el arroz arborio con el aceite de oliva hasta que dore un poco. Incorpore el agua en tres tandas iguales y revuelva constantemente. Cuando haya absorbido toda el agua, extienda en una charola hasta que se enfríe.

Huachinango

· Espolvoree sal al pescado y hornéelo en un sartén con mantequilla y agua por 8 minutos a 180 °C o hasta que se cueza. Coloque en un sartén las almendras con el jugo de limón, deje que reduzca e incorpore la mantequilla y el cilantro al final.

Montaje

· Termine el *risotto* vertiendo agua hirviendo hasta calentar; incorpore el queso Oaxaca deshebrado y el aceite de cilantro. Rectifique la sazón. Sirva en un plato hondo la salsa de betabel, un poco del *risotto*, las almendras, un lomo de huachinango y un crujiente de betabel.

Preparación: 10 min
Cocción: 20 min
Dificultad: 🍳
Costo: ⚖ ⚖

Mone de lenguado

Ingredientes

Lenguado

4 cuadros de hoja de plátano
    de 30 × 30 cm

4 hojas santa

4 lomos de lenguado

100 g de manteca

2 plátanos pelados y cortados en cubos

200 g de *concassée* de jitomate

75 g de cebolla picada

25 g de ajo picado

50 g de chile dulce picado

100 g de pimiento verde picado

25 g de cilantro fileteado

sal y pimienta al gusto

Procedimiento

Lenguado

· Ase al fuego directo la hoja de plátano.

· Blanquee la hoja santa en agua y colóquela sobre la hoja de plátano. Salpimiente el pescado e incorpore la mitad de la manteca derretida, coloque encima los cubos de plátano macho y el *concassée de* jitomate.

· Saltee en manteca la cebolla, el ajo, el chile dulce, el pimiento verde y el cilantro; salpimiente y agregue al pescado.

· Cierre en forma de molote y cocine en vaporera por 15 minutos.

Montaje

· Sirva el *mone* de lenguado y ábralo justo frente al comensal.

Pulpos en su tinta

Ingredientes

Pulpo

1 pulpo
sal al gusto
100 ml de vinagre blanco

Salsa de tinta de calamar

2 cucharadas de aceite de oliva
2 dientes de ajo fileteados
1 cebolla fileteada
250 g de jitomate troceado
200 ml de vino tinto
1 frasco de tinta de calamar
50 g de perejil picado
100 ml de caldo de pulpo

Jitomate deshidratado

4 jitomates guaje
50 ml de aceite de oliva
sal al gusto

Aceite de jitomate

2 jitomates deshidratados
100 ml de aceite vegetal

Arroz jazmín

½ ℓ de agua
1 cucharada de aceite vegetal
250 g de arroz
sal al gusto

Montaje

100 g de nuez de la India troceada

Material específico

tapete de silicón

Procedimiento

Pulpo

- Cocine el pulpo en agua hirviendo con el vinagre y la sal, alrededor de 40 minutos o hasta que esté cocido por completo; deje en el agua hasta que ésta se enfríe. Escurra y limpie completamente el pulpo. Corte en trozos de 4 centímetros de largo. Reserve en refrigeración.

Salsa de tinta de calamar

- Saltee en el aceite de oliva el ajo y la cebolla hasta que se suavicen, incorpore el jitomate y cocine por 10 minutos. Agregue el vino y deje cocinar por 10 minutos más, incorpore la tinta de calamar, el perejil, deje sobre el fuego 20 minutos más y rectifique la sazón. Muela con el caldo de pulpo y pase por un colador. Reserve.

Jitomate deshidratado

- Precaliente el horno a 90 °C.
- Corte el jitomate en ocho partes a lo largo, coloque sobre un tapete de silicón y sazone con la sal y el aceite de oliva. Hornee por 30 minutos, deje enfriar y reserve.

Aceite de jitomate

- Licue el jitomate deshidratado con el aceite, pase por un colador y reserve.

Arroz jazmín

- Caliente en una budinera el agua con el aceite y la sal; cuando comience a hervir agregue el arroz y deje cocinar a fuego bajo. Una vez cocido, pase a una charola, extienda, enfríe y reserve.

Montaje

- Sirva el pulpo en un extremo del plato, en medio los jitomates deshidratados y el aceite de jitomate; en el extremo opuesto sirva el arroz jazmín con la nuez.

Preparación: 25 min
Cocción: 40 min
Dificultad: 🍲🍲
Costo: 🔺🔺🔺

Papadzul con bogavante

Ingredientes

Salsa de pepita verde y piñón

100 g de pepita verde tostada

50 g de piñón tostado

100 g de epazote deshojado y blanqueado

sal al gusto

c/s de agua

Salsa verde

50 ml de aceite vegetal

2 dientes de ajo fileteados

50 g de cebolla fileteada

250 g de tomate verde fileteado

1 chile habanero asado

sal al gusto

Salpicón de bogavante

1 bogavante

75 g de cebolla picada

25 ml de aceite de oliva

sal y pimienta negra al gusto

Papadzul

16 tortillas de maíz cortadas en círculos, pochadas en aceite

150 g de manteca

8 huevos cocidos

Montaje

sal de chapulín al gusto

4 huevos de codorniz cocidos

4 hojas de epazote fritas

4 rodajas de chile habanero

Procedimiento

Salsa de pepita verde y piñón

- Muela la pepita con el piñón hasta que estén hechos polvo; muela de nuevo con el epazote blanqueado, sazone con sal e incorpore agua hasta lograr una consistencia homogénea. Cocine en una budinera hasta que hierva, baje la flama, retire y cuele. Rectifique la sazón. Reserve.

Salsa verde

- Caliente el aceite vegetal en un sartén y saltee el ajo con la cebolla. Cocine hasta que ambos estén suaves, moviendo regularmente.

- Incorpore el tomate verde, sazone con sal y cocine hasta que esté cocido. Limpie el chile habanero retirando piel quemada, venas y semillas, e incorpore la mitad a la salsa, muela y pase por un colador. Verifique la sazón. Reserve.

Salpicón de bogavante

- Cocine el bogavante por 10 minutos en agua hirviendo con sal y refrésquelo en agua con hielo para detener la cocción. Deshebre la carne y mezcle con la cebolla, incorpore el aceite de oliva, sazone con sal y pimienta negra recién molida. Reserve.

Papadzul

- Pique finamente los 8 huevos y mezcle con las salsas verde y la de pepita verde y piñón hasta que se forme una pasta. Reserve.

Montaje

- Ponga un disco de tortilla y encima un poco de salpicón de bogavante. Repita y finalice con un disco. Bañe con la salsa y decore con una hoja de epazote frita.

- Sirva un huevo de codorniz con la sal de chapulín y un poco más de salpicón de bogavante. Decore con una rodaja de chile habanero.

Salmón con *beurre blanc* de naranja y verduras jardinera

Ingredientes

Beurre blanc de naranja

15 g de echalote picado finamente

700 ml de jugo de naranja

100 g de mantequilla

Verduras jardinera

½ pieza de echalote

20 g de cebollín

4 ramas de apio

½ poro (sólo la parte blanca)

2 zanahorias

150 g de mantequilla clarificada

sal al gusto

Salmón

800 g de salmón

sal y pimienta al gusto

Montaje

2 naranjas

4 ramas de cebollín

Procedimiento

Beurre blanc de naranja

· En un cazo incorpore el echalote con el jugo de naranja y cueza a fuego medio hasta reducir a la mitad de su volumen original. Baje la temperatura e incorpore la mantequilla fría y cortada en cubos chicos.

· Emulsione con la ayuda de un batidor. Cocine por unos minutos sin hervir.

Verduras jardinera

· Corte el echalote en *brunoise* y pique finamente el cebollín. Reserve.

· Pele y corte el apio, el poro y la zanahoria en juliana. Saltee las verduras con la mantequilla, verifique la sazón y reserve calientes.

Salmón

· Retire la piel al salmón con la ayuda de un cuchillo filetero y corte en cuatro porciones.

· En un sartén caliente mantequilla clarificada. Salpimiente el salmón y séllelo. Cueza en el horno al término deseado.

Montaje

· Pele la naranja y haga supremas. Sirva en un plato hondo la *beurre blanc*, las verduras jardinera, una porción de salmón y decore con un gajo de naranja y cebollín.

Sopa de tortilla, camarón y frijol "a la pobre"

Ingredientes

Frijol negro

150 g de frijol negro

½ cebolla

1 diente de ajo

2 ramas de epazote

sal al gusto

Camarones

200 g de camarón 21/25

2 ½ cucharadas de aceite vegetal

Salsa de jitomate y guajillo

1 cucharada de aceite vegetal

2 dientes de ajo

½ cebolla

4 chiles guajillo

400 g de jitomate guaje

Caldo de camarón

2 cucharadas de aceite vegetal

3 dientes de ajo

1 cebolla

½ kg de caparazones de camarón

2 ℓ de agua

4 hojas de epazote

sal al gusto

Juliana de tortilla frita

8 tortillas de maíz

aceite para freír

Montaje

1 aguacate

brotes de cilantro

Procedimiento

Frijol negro

- Cueza los frijoles en agua con la cebolla, el ajo y el epazote a fuego medio durante 2 horas. Agregue sal y deje sobre el fuego media hora más o hasta que estén cocidos. Cuele y reserve los frijoles.

Camarones

- Limpie los camarones, córtelos por mitad y reserve los caparazones.
- Caliente el aceite, saltee los camarones y resérvelos.

Salsa de jitomate y guajillo

- Caliente un poco de aceite en un cazo, saltee la cebolla y el ajo, deje que se suavicen e incorpore los chiles guajillo y el jitomate. Cueza por 10 minutos, licue, cuele y reserve.

Caldo de camarón

- Caliente en una cacerola aceite vegetal y saltee la cebolla y el ajo hasta que se suavicen. Agregue los caparazones de camarón y cueza por 5 minutos hasta que cambien de color y suelten todo su jugo. Agregue los 2 litros de agua, cocine por 20 minutos y cuele.
- Caliente en una budinera la salsa de jitomate y guajillo, deje que hierva, agregue el caldo de camarón, las hojas de epazote, hierva unos minutos, rectifique la sazón y reserve caliente.

Juliana de tortilla frita

- Corte la tortilla en juliana fina y fría en aceite caliente. Escurra sobre papel absorbente.

Montaje

- Con la ayuda de una cuchara *parisienne*, extraiga perlas de la pulpa del aguacate.
- Sirva en un recipiente hondo todos los ingredientes secos y sirva a la vista del comensal el caldo de camarón. Decore con los brotes de cilantro.

Tartare de atún, aguacate y *coulis* de chile poblano

Ingredientes

Coulis de chile poblano

2 chiles poblanos

200 ml de aceite vegetal

200 ml de aceite de oliva

100 ml de agua

sal al gusto

Aceite verde

100 g de cilantro

200 ml de aceite vegetal

sal al gusto

Tartare de atún

320 g de atún fresco cortado en cubos

la pulpa de 2 aguacates cortada en cubos

50 g de cebolla morada picada

25 g de chile verde picado

25 g de cilantro fileteado

20 ml de aceite de oliva

el jugo de 2 limones

sal y pimienta al gusto

Montaje

2 manzanas verdes

brotes de cilantro

microgreen al gusto

25 g de ajonjolí negro

Procedimiento

Coulis de chile poblano

- Caliente el aceite vegetal a 200 °C y fría los chiles rápidamente hasta que les salgan ampollas. Refresque en agua con hielo y retire la piel y las semillas. Muela los chiles con el aceite de oliva, incorporándolo en forma de hilo. Verifique la sazón y reserve.

Aceite verde

- Blanquee el cilantro en agua hirviendo con sal. Refresque de inmediato en agua con hielo. Muela con el aceite, verifique la sazón y reserve.

Tartare de atún

- Mezcle el atún con el aguacate. Incorpore la cebolla morada, el chile verde, el cilantro, el aceite de oliva, el jugo de limón y salpimiente.

Montaje

- Pele y corte láminas delgadas de manzana verde.
- Ponga una base de *coulis* de chile poblano y disponga en capas las láminas de manzana y el *tartare*. Decore con el cilantro, el *microgreen*, el aceite verde y el ajonjolí negro.

Tiradito de atún
con vinagreta de café

Ingredientes

Vinagreta infusionada de café

30 g de café pulverizado

400 ml de vinagre balsámico

1 ½ ℓ de aceite de oliva

sal al gusto

Tiradito de atún

320 g de lomo de atún

Montaje

20 g de cebolla morada en juliana

20 g de alcaparras

50 g de crotones

sal de Nayarit al gusto

pimienta negra recién molida al gusto

4 cucharadas de aceite de oliva

brotes de cilantro y *microgreen* al gusto

Procedimiento

Vinagreta

· Coloque en un tazón el café pulverizado, el vinagre balsámico y la sal; bata perfectamente. Vierta el aceite de oliva en forma de hilo, emulsione, verifique la sazón y reserve.

Tiradito de atún

· Corte el lomo en rebanadas finas.

Montaje

· Coloque en un plato las rebanadas de atún y salpimiente. Disponga encima la cebolla, las alcaparras y los crotones. Termine con la vinagreta de café, el aceite de oliva y las hierbas.

Preparación: 10 min
Cocción: no requiere
Dificultad: 🎩
Costo: ⚱ ⚱ ⚱

Vuelve a la vida

Ingredientes

Vuelve a la vida

250 ml de catsup

25 ml de salsa inglesa

25 ml de salsa Maggi

10 ml de salsa Tabasco

50 ml de jugo de naranja

25 ml de jugo de limón

½ pulpo limpio, cocido y cortado en cubos

250 g de callo de almeja limpio

250 g de camarón limpio cocido

100 g de ostiones

100 g de cilantro fileteado

100 g de cebolla picada

50 g de chile verde picado

200 g de *concassée* de jitomate

Montaje

1 aguacate cortado en juliana

4 supremas de naranja

Procedimiento

Vuelve a la vida

· Mezcle los seis primeros ingredientes líquidos hasta obtener una mezcla homogénea. Incorpore los mariscos y los demás ingredientes.

Montaje

· Sirva en un plato hondo y acompañe con la juliana de aguacate y las supremas de naranja.

AVES Y CARNES

Preparación: 1 h 20 min
Cocción: 5 h 30 min
Dificultad: 👨‍🍳👨‍🍳
Costo: 🔺🔺

Barbacoa de pato

Ingredientes

Barbacoa de pato

7 chiles guajillo limpios
1 cebolla
2 dientes de ajo
6 hojas de aguacate
355 ml de cerveza oscura
clavo al gusto
comino al gusto
1 pizca de pimienta
orégano al gusto
4 muslos y piernas de pato
1 hoja de plátano grande
sal y pimienta al gusto

Puré de haba

250 g de habas frescas
50 ml de aceite de oliva
sal al gusto

Cebolla cambray

8 cebollas cambray
2 cucharadas de aceite vegetal
sal al gusto

Montaje

100 g de verdolagas
1 cucharada de semillas de chile guajillo

Material específico

vaporera

Procedimiento

Barbacoa de pato

- Coloque en un sartén los chiles guajillo, la cebolla, los ajos y dos hojas de aguacate. Muela con la cerveza, el clavo, el comino, la pimienta y el orégano hasta formar una salsa homogénea y cuele.
- Marine durante 1 hora las piezas de pato en la salsa y salpimiente.
- Coloque las piezas sobre una hoja de plátano asada con cuatro hojas de aguacate. Cueza en vaporera por 5 horas y reserve.

Puré de haba

- Hierva agua con sal en una budinera y blanquee las habas; refrésquelas de inmediato en agua con hielo.
- Muela las habas con un poco de agua y el aceite de oliva hasta formar una pasta homogénea; verifique la sazón.

Cebolla cambray

- Corte las cebollas cambray por mitad, colóquelas en un sartén y saltéelas a fuego medio hasta que se doren.

Montaje

- Sirva la barbacoa de pato con las cebollas cambray y acompañe con el puré de haba y las verdolagas; decore con las semillas de chile.

Carpaccio de magret de pato

Ingredientes

Magret de pato

1 magret de pato

sal al gusto

Pipián verde

100 g de pipián verde en pasta

c/s de agua

Espuma de mezcal

100 ml de mezcal

300 ml de crema para batir

150 ml de leche

½ cucharadita de lecitina de soya

Montaje

100 g de alcaparras

75 g de cebolla morada picada en brunoise

sal de Nayarit al gusto

pimienta recién molida al gusto

4 cucharadas de aceite de oliva

Material específico

rebanadora de carne

mixer

Procedimiento

Magret de pato

· Selle en un sartén caliente el magret de pato sazonado con sal por el lado de la piel. Retire una vez dorada la piel y déjelo enfriar por completo; envuélvalo en plástico autoadherente para que quede en forma cilíndrica; congele por un mínimo de 24 horas.

Pipián verde

· Diluya la pasta de pipián en agua fría. Ponga sobre fuego medio a que espese, verifique la sazón y pase por un colador. Reserve.

Espuma de mezcal

· Caliente en una olla pequeña el mezcal y deje reducir a la mitad de su volumen; incorpore la crema, la leche, la lecitina y mezcle bien. Justo antes de servir, con un mixer haga la espuma.

Montaje

· Con una rebanadora de carne haga láminas finas del cilindro de magret de pato aún congelado. Espolvoree la sal de Nayarit, la pimienta y acompañe con las alcaparras, la cebolla morada, el aceite de oliva y la espuma de mezcal.

Escalopa de *foie gras* con zapote negro

Ingredientes

Reducción de naranja agria

½ ℓ de jugo de naranja agria

Pulpa de zapote negro

2 zapotes negros

Escalopas de *foie gras*

4 escalopas de *foie gras* de 40 g c/u

sal al gusto

Montaje

8 gajos de naranja

Procedimiento

Reducción de naranja agria

· Coloque el jugo de naranja en una budinera y caliente a fuego muy bajo hasta que se forme un líquido meloso (casi ¼ de su volumen original). Pase por un colador y reserve.

Pulpa de zapote negro

· Limpie perfectamente el zapote dejándolo sin semillas y sin piel; reserve.

Escalopas de *foie gras*

· Espolvoree sal a las escalopas, séllelas en una parrilla o en un sartén caliente hasta que tomen color y estén calientes por dentro.

Montaje

· Coloque dos gajos de naranja, un poco de la pulpa de zapote y encima una escalopa de *foie gras*. Bañe todo con la reducción de naranja agria.

Pechuga de pato en mole de Xico

Ingredientes

Salsa de chocolate

200 g de chocolate mexicano
    en trozos
50 g de harina de maíz
2 anís estrella
25 g de chocolate amargo
c/s de agua

Puré de ciruela pasa

250 g de ciruela pasa deshuesada
½ ℓ de agua

Aceite de ajonjolí negro

50 g de ajonjolí negro tostado
100 ml de aceite

Polvo de especias

20 g de canela
20 g de comino
20 g de pimienta negra
20 g de anís
20 g de cacao

Aceite de chiles secos

100 ml de aceite vegetal
2 chiles guajillo limpios
2 chiles pasilla limpios
2 chiles mulato limpios

Glacé de piloncillo y chile

1 pieza de piloncillo

Mazapán

30 g de nuez
30 g de pistache
30 g de almendra
30 g de piñón
30 g de cacahuate

Puré de plátano macho

2 plátanos macho
½ ℓ de crema para batir

Pechuga de pato

4 pechugas de pato
sal de Nayarit al gusto

Procedimiento

Salsa de chocolate

- Realice una infusión concentrada con el anís. En un sartén dore la harina de maíz con el chocolate mexicano y el chocolate amargo. Cuando se derritan por completo, incorpore la infusión de anís. Cocine hasta que espese, cuele y reserve.

Puré de ciruela pasa

- Cueza las ciruelas en el agua hasta que queden muy suaves. Retírelas del agua, muela, cuele y reserve.

Aceite de ajonjolí negro

- Muela el ajonjolí con el aceite vegetal. Reserve.

Polvo de especias

- Muela todos los ingredientes en un molino de especias hasta obtener un polvo fino. Reserve.

Aceite de chiles secos

- Tueste los chiles y licue con el aceite. Cuele y reserve el líquido y la pulpa de los chiles aparte.

Glacé de piloncillo y chile

- Haga un almíbar con el piloncillo y el agua. Agregue la pulpa de chiles que reservó, deje sobre el fuego hasta que espese. Pase por un colador y reserve.

Mazapán

- Muela todos los frutos secos hasta obtener un polvo. Incorpore agua poco a poco hasta que se forme una pasta moldeable. Forme pequeñas bolas y reserve.

Puré de plátano macho

- Precaliente el horno a 150 °C y hornee el plátano macho con todo y cáscara por 30 minutos. Pele y muela con la crema hasta formar un puré ligero. Cuele y reserve.

Pechuga de pato

- Espolvoree la pechuga con sal y selle por el lado de la piel y dé el término deseado; termine de cocer en el horno.

Montaje

- Sobre la pechuga de pato vierta el *glacé* de piloncillo. Acompañe con las preparaciones restantes.

Pechuga de pato marinada, puré de tamarindo, manzana y Jamaica-dátil

Ingredientes

Pechugas de pato

200 ml de salsa de soya

25 ml de aceite de ajonjolí

15 g de ralladura de limón

15 g de ralladura de naranja

4 pechugas de pato

sal y pimienta al gusto

Puré de manzana

½ kg de manzana panochera

50 g de mantequilla

Puré de Jamaica-dátil

250 g de dátiles sin hueso

250 g de flor de Jamaica

c/s de agua

Puré de tamarindo

150 g de azúcar

50 ml de licor de naranja

½ kg de pulpa de tamarindo

Ralladura de naranja caramelizada

1 taza de agua

100 g de azúcar

50 g de ralladura de naranja

Montaje

microgreen al gusto

brotes de tomillo con flores al gusto

Procedimiento

Pechugas de pato

- Precaliente el horno a 180 °C

- Realice una mezcla con la salsa de soya, el aceite de ajonjolí y las ralladuras de limón y naranja. Salpimiente las pechugas y marínelas mínimo por 30 minutos.

- Justo antes de servir, caliente un sartén y séllelas por el lado de la piel; retire el exceso de grasa y termine en el horno hasta obtener la cocción deseada.

Puré de manzana

- Limpie las manzanas, deseche el corazón y rebánelas finamente. Caliente un sartén con la mantequilla, saltee la manzana hasta que se dore y tenga una consistencia suave. Muela, cuele y reserve el puré.

Puré de Jamaica-dátil

- Hierva los dátiles en agua con la flor de Jamaica por 15 minutos o hasta que los dátiles estén suaves. Muela, cuele y reserve el puré.

Puré de tamarindo

- Caliente el azúcar en una budinera hasta obtener un caramelo oscuro; agregue el licor de naranja, el puré de tamarindo y deje cocinar a fuego bajo hasta obtener un puré con textura tersa. Cuele y reserve el puré.

Ralladura de naranja caramelizada

- Caliente en un sartén el agua con el azúcar. Cuando hierva, agregue la ralladura; cuando esté suave, cuele y reserve.

Montaje

- Sirva las pechugas de pato en rebanadas grandes con los purés y la naranja caramelizada. Decore con el *microgreen* y el tomillo.

Preparación: 40 min
Cocción: 4 h
Dificultad: 👨‍🍳 👨‍🍳
Costo: ⚱ ⚱

Salpicón de pato

Ingredientes

Pato

4 muslos y piernas de pato

1 ajo entero

1 cebolla cortada por mitad

100 g de cilantro

Salsa borracha

3 cucharadas de aceite vegetal

3 chiles ancho limpios

3 chiles guajillo limpios

100 g de cebolla fileteada

25 g de ajo fileteado

300 g de jitomate guaje

1 rama de canela

355 ml de cerveza oscura

sal y pimienta al gusto

Salpicón

c/s de grasa de pato

60 g de cebolla picada

120 g de *concassée* de jitomate

50 ml de jugo de limón

25 ml de aceite de oliva

30 g de cilantro fileteado

orégano al gusto

sal y pimienta al gusto

Montaje

4 rebanadas de aguacate

4 hojas de lechuga

Procedimiento

Pato

- Cocine el pato en agua con el ajo, la cebolla, el cilantro y la sal por un lapso de 3 horas o hasta que el pato esté suave. Saque del agua y deshebre la carne. Retire huesos, cartílagos y grasa; reserve.

- Para obtener la grasa de pato, coloque la piel del pato en un sartén caliente, deje que se cocine a fuego bajo hasta obtener toda la grasa; pase por un colador y reserve.

Salsa borracha

- Caliente 1 cucharada de aceite en un sartén, dore los chiles limpios y retírelos. En el mismo sartén caliente el aceite restante y saltee la cebolla con el ajo; una vez que estén cocidos, agregue el jitomate y posteriormente los chiles con la rama de canela, sazone y agregue la cerveza. Cocine a fuego medio por 20 minutos, verifique la sazón, retire la rama de canela, muela y pase por un colador fino; reserve.

Salpicón

- Caliente en un sartén la grasa de pato, saltee la cebolla, agregue el pato deshebrado y cocine por 3 minutos. Incorpore el jitomate, el jugo de limón, el aceite de oliva y deje cocer por unos minutos. Termine con el cilantro, el orégano y rectifique la sazón.

Montaje

- Sirva el salpicón con una rebanada de aguacate, una hoja de lechuga y un poco de la salsa borracha.

Escalopa de *foie gras* con capirotada

Ingredientes

50 g de almendras peladas y fileteadas

50 g de pasas

100 g de piloncillo

300 ml de leche

2 piezas de anís

1 pieza de clavo

1 rama de canela

1 rama de tomillo

1 rama de romero

½ cucharadita de lecitina de soya

4 piezas de escalopa de *foie gras*
    de 50 g c/u

100 g de mantequilla

Montaje

4 rebanadas gruesas de pan *brioche*
    tostadas

50 g de queso fresco desmoronado

Material específico

mixer

Procedimiento

· Tueste las almendras fileteadas en un sartén y reserve.

· Hidrate las pasas en un cazo con agua caliente y el piloncillo. Ponga sobre el fuego y caliente hasta que tome una consistencia melosa. Cuele y reserve por separado las pasas y la miel de piloncillo.

· Caliente la leche con la miel de piloncillo y las especias para extraer sabores. Cuele e incorpore la lecitina, deje que se disuelva por completo y reserve.

· Selle las escalopas en un sartén con mantequilla y finalice la cocción en el horno.

Montaje

· Sirva la escalopa de *foie* con una rebanada de pan *brioche*, las almendras, las pasas y el queso fresco.

· Utilice un *mixer* para hacer espuma con la mezcla de leche con piloncillo y ponga un poco de ésta junto a la escalopa.

Pichón con pimienta gorda, mango y *foie gras*

Ingredientes

Pichón

4 pichones

½ kg de mango maduro pero firme

sal y pimienta al gusto

c/s de mantequilla clarificada

Salsa

200 ml de vino tinto

25 g de pimienta gorda

sal al gusto

c/s de jugo de la cocción del pichón

100 g de mantequilla

Foie gras

4 escalopas de *foie gras* de 25 g c/u

sal al gusto

Procedimiento

Pichón

- Precaliente el horno a 180 °C.

- Sazone los pichones con sal y pimienta. Séllelos en un sartén caliente con mantequilla clarificada por todos lados; termine la cocción en el horno por 9 minutos o hasta que estén completamente cocidos. Retire los pichones del sartén y reserve.

- Limpie y pele los mangos. Córtelos en cubos, séllelos con mantequilla en un sartén caliente y reserve.

Salsa

- Cocine el vino tinto con la pimienta gorda en el mismo sartén donde se prepararon los pichones; deje reducir e incorpore la mantequilla; verifique la sazón y reserve.

Foie gras

- Espolvoree sal a las escalopas y séllelas en un sartén muy caliente hasta que se marquen y estén calientes por dentro.

Montaje

- Sirva el pichón con el *foie gras* y la salsa.

Preparación: 2 h 20 min
Cocción: 4 ½ h
Dificultad: 🍳🍳
Costo: 💰💰

Lomo de cerdo pibil

Ingredientes

Marinación

250 g de achiote

125 ml de jugo de naranja agria

Lomo de cerdo

l kg de lomo de cerdo

1 hoja de plátano

sal al gusto

sal de Nayarit al gusto

Cebolla morada

1 cebolla morada fileteada

2 chiles habanero fileteados

150 ml de jugo de limón

orégano al gusto

sal al gusto

Puré de plátano macho

(Ver receta página 40)

Chips de plátano macho

1 plátano macho

½ ℓ de aceite vegetal

Salsa

150 g de plátano macho

50 g de achiote

sal y pimienta al gusto

Frijoles negros

½ kg de frijoles negros cocidos con orégano, epazote, cebolla, ajo y sal

c/s de manteca

2 plátanos machos cortados en cubos y fritos

Procedimiento

Marinación

· Licue el achiote con el jugo de naranja. Cuele, reserve y divida en dos.

Lomo de cerdo

· Unte el lomo de cerdo con la marinada, salpimiente y envuélvalo en la hoja de plátano asada previamente y empaque al alto vacío. Cueza en agua a 50 °C por 15 minutos; deje reposar.

· Saque el lomo de su empaque y séllelo en un sartén caliente con mantequilla clarificada hasta que tome un color dorado; reserve.

Cebolla morada

· Marine la cebolla y el chile habanero en el jugo de limón, el orégano y la sal mínimo por 2 horas.

Puré de plátano macho

· (Ver receta página 40.)

Chips de plátano macho

· Pele y corte el plátano en láminas de aproximadamente 8 centímetros de largo. Fría hasta que se doren (la temperatura ideal del aceite es de 160 °C). Escurra sobre papel absorbente.

Salsa

· Reduzca a fuego bajo la mitad restante de la marinada e incorpore el puré de plátano macho. Deje sobre el fuego hasta obtener la consistencia de una salsa. Cuele y reserve.

Frijoles negros

· Cuele y saltee los frijoles con la manteca y los cubos de plátano fritos.

Montaje

· Sirva el lomo de cerdo en trozos con el resto de las preparaciones.

Preparación: 8 h + 20 min
Cocción: 35 min
Dificultad: 🐧🐧🐧
Costo: ⛰️ ⛰️

Carpaccio de res con vinagreta de café, puré de coliflor y cuscús de huauzontle

Ingredientes

Carpaccio de res
200 g de filete de res limpio
sal y pimienta al gusto

Puré de coliflor
250 g de coliflor limpia
200 ml de crema para batir
100 ml de leche
sal al gusto

Vinagreta de café
15 g de café
5 g de azúcar
15 ml de vinagre balsámico
50 ml de aceite de oliva
c/s de agua

Mole
80 g de mole en pasta
50 ml de agua

Cuscús de huauzontle
100 g de huauzontle limpio
sal al gusto

Montaje
20 g de cebolla morada en *brunoise*
100 g de alcaparras
4 cucharadas de aceite de oliva
pimienta recién molida al gusto
sal de Nayarit al gusto

Material específico
laminadora de carne

Procedimiento

Carpaccio de res

· Sazone con sal y pimienta el filete de res, séllelo en un sartén caliente y deje enfriar a temperatura ambiente.

· Envuelva el filete en plástico autoadherente dándole una forma cilíndrica y apretando muy bien. Congele por un mínimo de 8 horas.

Puré de coliflor

· Cocine la coliflor en una budinera con la leche, la crema y la sal por 10 minutos o hasta que la coliflor esté suave. Retire el exceso de líquido y muela hasta obtener un puré terso; cuele y reserve.

Vinagreta de café

· Con un batidor globo mezcle en un tazón todos los ingredientes hasta que se forme una pasta densa. Incorpore el agua poco a poco hasta que comience a emulsionar la vinagreta. Reserve.

Mole

· Hidrate el mole en pasta con agua y cocine por 10 minutos a fuego bajo hasta que espese. Cuele y reserve.

Cuscús de huauzontle

· Limpie el huauzontle y blanquéelo en agua hirviendo con sal hasta que tenga un color verde intenso. Refresque en agua con hielo y escurra en papel absorbente para retirar el exceso de agua; reserve.

Montaje

· Con una laminadora de carne haga láminas finas del cilindro de filete de res aún congelado.

· Sirva el *carpaccio* con todos los elementos y decore con la cebolla morada, las alcaparras, el aceite de oliva, la pimienta y la sal de Nayarit.

Costilla de cerdo con lentejas y plátano macho

Ingredientes

Costillas de cerdo

800 g de costillas de cerdo

2 ℓ de agua

¼ de manojo de hierbas de olor

½ cebolla cortada por mitad

½ cabeza de ajo

sal y pimienta al gusto

50 ml de mantequilla clarificada

Laqueado

1 pieza grande de piloncillo

1 ℓ de agua

3 chiles chipotle

Lentejas

½ kg de lentejas limpias

¼ de cabeza de ajo

½ cebolla en trozos

100 g de ramas de cilantro

100 g de tocino troceado

50 g de mantequilla

2 plátanos macho cortados en cubos

100 g de cilantro fileteado

sal al gusto

Montaje

brotes de cilantro al gusto

Procedimiento

Costillas de cerdo

- Limpie las costillas. Baje toda la carne del hueso hacia el extremo inferior para poder amarrarla en forma de chuletón. Cueza en agua con las hierbas de olor, la cebolla, el ajo, la sal y la pimienta hasta que la carne esté totalmente suave.
- Justo antes de servir, unte el laqueado en las costillas y séllelas en mantequilla clarificada.

Laqueado

- Haga un almíbar con el piloncillo y el agua, incorpore los chiles chipotle y deje sobre el fuego hasta que se haga un jarabe muy espeso; cuele y reserve.

Lentejas

- Cueza las lentejas con el ajo, la cebolla, el cilantro y el tocino. Cuando comience a hervir, baje la flama y mantenga así hasta que estén cocidas. Rectifique la sazón, cuele y reserve las lentejas y el caldo aparte.
- Cocine el plátano macho en la mantequilla hasta que dore. Incorpore las lentejas y el cilantro fileteado. Verifique la sazón.

Montaje

- Sirva las costillas con las lentejas y el laqueado.

Chuletón de ternera con entomatado

Ingredientes

Chuletón de ternera

4 chuletones de ternera de 200 g c/u

sal y pimienta al gusto

200 ml de mantequilla clarificada

Entomatado

4 chiles ancho limpios

1 cucharada de aceite

100 g de manteca

3 dientes de ajo

1 cebolla picada

½ kg de tomate verde picado

Montaje

cilantro fileteado al gusto

4 rebanadas de tomate verde

aceite de trufa al gusto

Procedimiento

Chuletón de ternera

· Precaliente el horno a 180 °C.

· Limpie los chuletones de ternera retirando la grasa y los cartílagos; envuelva en aluminio los huesos, salpimiente y séllelos en mantequilla clarificada; dé el término deseado en el horno y reserve caliente.

Entomatado

· Fría los chiles en el aceite. Saltee en manteca los ajos y la cebolla hasta que se doren. Incorpore el tomate y cocine por 20 minutos. Agregue el chile ancho; cocine por 15 minutos más, verifique la sazón y reserve.

Montaje

· Sirva los chuletones con el entomatado y decore con el cilantro, las rebanadas de tomate y el aceite de trufa.

Panza de cerdo con frijol pelón, chile amashito y orégano yucateco

Ingredientes

Panza de cerdo

1 kg de panza de cerdo cortada en trozos de 6 × 8 cm

¼ de manojo de hierbas de olor

¾ de taza de orégano yucateco triturado

sal al gusto

c/s de agua

c/s de mantequilla clarificada

Frijol pelón

300 g de frijol cocido

1 cebolla partida por mitad

2 ramas de epazote

3 dientes de ajo

30 g de cilantro fileteado

50 g de cebolla morada picada

25 ml de jugo de limón

40 g de mantequilla

sal al gusto

Amashito

8 chiles amashito

100 ml de jugo de limón

sal de Nayarit al gusto

Procedimiento

Panza de cerdo

· Lave muy bien la panza de cerdo y cuézala en agua con sal y las hierbas de olor por 2 horas o hasta que esté suave por completo. Retire el exceso de agua, empanice una cara con el orégano yucateco y selle con mantequilla clarificada.

Frijol pelón

· Cuele el frijol y saltéelo con el cilantro, la cebolla morada, el jugo de limón, la mantequilla y la sal; si queda muy seco agregue un poco de caldo de la cocción. Reserve.

Amashito

· Machaque en el molcajete los chiles amashito con el jugo de limón y la sal de Nayarit.

Montaje

· Sirva la panza de cerdo acompañada con el frijol pelón y el amashito.

Preparación: 25 min
Cocción: 8 h 40 min
Dificultad: ♟♟
Costo: ♟♟

Mixiote y *rack* de conejo con salsa de chiles secos

Ingredientes

Salsa de chiles secos

2 dientes de ajo troceados

100 ml de aceite vegetal

½ cebolla troceada

3 jitomates guaje en trozos

2 chiles guajillo limpios

2 chiles ancho limpios

2 chiles mulato limpios

sal y pimienta al gusto

Mixiote de conejo

1 conejo cortado en piezas (excepto costillar)

orégano al gusto

hojas de maguey asadas al gusto

Rack de conejo

1 costillar de conejo

sal y pimienta al gusto

Ensalada de habas tiernas

½ kg de habas cocidas y peladas

½ cebolla picada

100 g de cilantro fileteado

200 g de *concassé* de jitomate

100 g de queso canasto rallado

100 ml de aceite de oliva

orégano al gusto

Material específico

vaporera

Procedimiento

Salsa de chiles secos

· Saltee los ajos en el aceite junto con la cebolla hasta que se doren. Incorpore el jitomate y cueza por unos minutos. Agregue los chiles y cueza por 10 minutos. Rectifique la sazón, muela, cuele y reserve.

Mixiote de conejo

· Marine las piezas del conejo en la salsa de chiles secos, salpimiente y agregue orégano. Envuelva en la hoja de maguey y cueza en una vaporera por 8 horas o hasta que la carne esté totalmente suave. Reserve.

Rack de conejo

· Limpie el costillar. Deje limpios los huesos y la carne sin nervios, salpimiente. Caliente un sartén con mantequilla clarificada, selle el *rack* y dé el término deseado.

Ensalada de habas tiernas

· Coloque en un tazón todos los ingredientes, rectifique la sazón y reserve.

Montaje

· Sirva en un plato hondo el mixiote con el *rack* de conejo y en recipientes aparte la ensalada de habas y la salsa de chiles secos.

Rib eye americano con chorizo y papas

Ingredientes

Acelgas

50 g de mantequilla

25 g de ajo picado

250 g de acelgas blanqueadas

sal y pimienta negra al gusto

Croquetas de papa

½ kg de papa

sal al gusto

50 ml de aceite de oliva

50 g de harina

2 huevos batidos

250 g de *panko*

½ ℓ de aceite vegetal

Puré de ajo

2 ajos enteros

½ ℓ de crema para batir

sal al gusto

Chorizo

250 g de chorizo

Rib eye

4 *rib eyes* de 220 g c/u

sal al gusto

Procedimiento

Acelgas

· Derrita en un sartén la mantequilla y saltee el ajo. Incorpore la acelga fileteada, saltee ligeramente, sazone con sal y pimienta. Reserve.

Croquetas de papa

· Precaliente el horno a 180 °C.

· Coloque en el horno las papas con sal y el aceite de oliva durante 50 minutos o hasta que estén cocidas por completo.

· Saque la pulpa y pase por un pasapurés, deje enriar y forme pequeñas bolas. Páselas por harina, después por huevo batido y termine en *panko*. Fría en el aceite vegetal y repose en papel absorbente para eliminar el exceso de grasa.

Puré de ajo

· Envuelva los ajos enteros en papel aluminio y hornee durante 1 hora a 180 °C. Ya cocidos, límpielos y licue la pulpa con la crema y la sal. Pase por un colador fino, verifique la sazón y reserve.

Chorizo

· Coloque en un sartén caliente el chorizo y fría a fuego medio; una vez dorado pique finamente y reserve.

Rib eye

· Agregue sal a los *rib eyes* y cuézalos al término que desee.

Montaje

· Ponga sobre una capa de acelgas el *rib eye* y encima un poco de chorizo. Acompañe con las croquetas de papa y el puré de ajo.

Rib eye, puré de papa, ejotes, echalote y vino tinto

Ingredientes

Puré de papa

½ kg de papa

350 g de mantequilla

c/s de crema

sal y pimienta negra al gusto

Jarabe de vino tinto

250 ml de vino tinto

125 g de azúcar

sal al gusto

Ejotes

160 g de ejotes franceses

40 g de echalote

c/s de mantequilla clarificada

sal al gusto

Rib eye

800 g de *rib eye*

sal y pimienta al gusto

Montaje

180 g de queso parmesano rallado

sal de Nayarit al gusto

sal ahumada al gusto

Procedimiento

Puré de papa

- Pele las papas y córtelas en cubos. Cueza a partir de agua fría con sal hasta que estén suaves por completo. Escurra bien, drénelas, hágalas puré, termine el puré con mantequilla y salpimiente.

Jarabe de vino tinto

- En un cazo mezcle el vino tinto con el azúcar y un poco de sal. Reduzca a fuego medio hasta obtener una consistencia de jarabe. Reserve.

Ejotes

- Corte los ejotes a la mitad y blanquéelos en agua con sal. Refrésquelos de inmediato en agua con hielo.

- Corte el echalote en *brunoise* y saltéelo en mantequilla con los ejotes. Ajuste de sal y reserve.

Rib eye

- Precaliente el horno a 180 °C.

- Salpimiente y selle en un sartén caliente el *rib eye* y termine en el horno hasta obtener el término deseado.

Montaje

- Caliente el puré de papa e incorpore el queso parmesano hasta que obtenga una textura homogénea.

- Sirva el *rib eye* con el puré, los ejotes, el jarabe de vino tinto y las sales.

Venado en costra de cacao, plátano Tabasco y tocino

Ingredientes

Venado en costra

480 g de lomo de venado

100 g de cacao molido

sal y pimienta al gusto

3 cucharadas de mantequilla clarificada

Cremoso de plátano Tabasco

½ kg de plátano Tabasco

1 ℓ de agua

250 g de azúcar

200 ml de crema para batir

Tocino pulverizado

250 g de tocino

Montaje

sal de Nayarit al gusto

8 cebollines

tocino frito en cubos

Procedimiento

Venado en costra

- Salpimiente y empanice el lomo de venado en el cacao molido. Selle en un sartén con mantequilla clarificada, meta al horno y dé el término deseado; deje reposar.

Cremoso de plátano Tabasco

- Pele el plátano y cueza en el agua y el azúcar; sumerja el plátano para que no se oxide.

- Cuele y muela con la crema hasta obtener un puré muy fino; cuele y reserve.

Tocino pulverizado

- Precaliente el horno a 150 °C.

- Coloque en un tapete de silicón el tocino. Hornee por 25 minutos o hasta que esté totalmente dorado. Enfríe y retire el exceso de grasa; pulverice y reserve.

Montaje

- Coloque al centro del plato el puré de plátano y encima el lomo de venado. Termine con el tocino pulverizado, el cebollín, la costra de cacao del venado y el tocino frito.

DIVERSOS

Chapulines, aguacate, rábano y aire de tortilla

Ingredientes

Chapulines

c/s de mantequilla

20 g de ajo picado

200 g de chapulines

25 g de epazote fileteado

50 ml de jugo de limón

Guacamole

1 aguacate

1 cucharadita de jugo de limón

4 cucharadas de aceite de oliva

sal al gusto

Aire de tortilla

5 tortillas horneadas

125 g de harina de maíz

750 ml de agua

1 cucharada de lecitina de soya

sal al gusto

Montaje

8 láminas delgadas de rábano

Material específico

Iber Gourmet

mixer

Procedimiento

Chapulines

· Caliente en un sartén la mantequilla y saltee el ajo. Incorpore los chapulines, el epazote y el jugo de limón. Deje sobre el fuego hasta que se evapore el jugo y reserve.

Guacamole

· Muela todos los ingredientes y reserve.

Aire de tortilla

· Muela las tortillas horneadas hasta hacerlas polvo. En un sartén tueste la harina de maíz y colóquela con el polvo de tortillas en una Iber Gourmet. Vierta el agua y muela a velocidad media a una temperatura de 60 °C por 8 minutos. Mientras se muele incorpore la lecitina de soya. Cuele y reserve tibio.

Montaje

· Haga espuma con un *mixer* para obtener el aire de tortilla. Sirva los chapulines con el guacamole, encima las láminas de rábano y el aire de tortilla.

Chile relleno de puré de papa-queso Oaxaca

Ingredientes

Chile

4 chiles poblanos

½ ℓ de aceite

Puré de papa-queso Oaxaca

½ kg de papa blanca

25 g de mantequilla

15 g de epazote fileteado

15 g de cilantro fileteado

15 g de cebollín picado

100 g de crema ácida

200 g de queso Oaxaca deshebrado

sal y pimienta al gusto

Salsa de tomate-hoja de aguacate

1 kg de jitomate

2 dientes de ajo

1 cebolla

2 hojas de aguacate

sal y pimienta al gusto

20 ml de aceite vegetal

Montaje

microgreen al gusto

brotes de cilantro al gusto

aceite de trufa al gusto

Procedimiento

Chile

- Caliente el aceite hasta que comience a humear y fría rápidamente los chiles hasta que les salgan ampollas en toda la superficie. Refresque de inmediato en agua con hielo.
- Pele los chiles, córtelos por mitad a lo largo y retire las venas y las semillas. Rellene con el puré de papa-queso Oaxaca y reserve en refrigeración.

Puré de papa-queso Oaxaca

- Corte la papa en cubos medianos con todo y cáscara. Cueza en agua con sal hasta que esté suave, pero que no se deshaga; saque del agua y seque.
- Deshaga la papa con un batidor globo, incorpore la mantequilla, el queso Oaxaca y la crema ácida poco a poco. Termine con las hierbas, rectifique la sazón y reserve.

Salsa de tomate-hoja de aguacate

- Licue en crudo el jitomate con la cebolla y el ajo; cuele y reserve.
- Tueste ligeramente las hojas de aguacate y reserve.
- Caliente una cacerola por 5 minutos (debe estar muy caliente), incorpore el aceite e inmediatamente la salsa de tomate. Sazone, agregue las hojas de aguacate y cueza por 20 minutos a fuego bajo. Cuele y reserve.

Montaje

- Caliente debajo del *grill* del horno el chile relleno con un poco de aceite de oliva por 8 minutos.
- Caliente la salsa en un sartén y sirva en un plato raviolero. Ponga el chile sobre la salsa, y termine con el *microgreen*, los brotes de cilantro y el aceite de trufa.

Ensalada de espárrago y emulsión de limón

Ingredientes

Ensalada

400 g de espárragos verdes

50 g de habas

100 g de ejotes franceses

50 g de chícharos japoneses

25 g de huauzontles

Emulsión de limón

2 huevos

125 ml de mantequilla clarificada

125 ml de aceite de oliva

sal y pimienta al gusto

ralladura de 3 limones

Montaje

flores comestibles al gusto

microgreen al gusto

aceite de trufa al gusto

sal de Nayarit al gusto

pimienta recién molida al gusto

Procedimiento

Ensalada

· Blanquee por separado los espárragos, las habas, los ejotes, los huauzontles y los chícharos.

Emulsión de limón

· Coloque los huevos en agua hirviendo por 6 minutos; enfríe. Salpimiente y agregue la mantequilla clarificada y el aceite de oliva en forma de hilo. Termine con la ralladura de limón y pase por un colador fino.

Montaje

· Coloque las verduras y las flores de forma irregular. Sirva con la emulsión de limón y termine con el *microgreen*, el aceite de trufa, la sal de Nayarit y la pimienta.

Preparación: 25 min
Cocción: 1 h
Dificultad: ♟♟
Costo: 🔺🔺

Ensalada de espinaca, nuez garapiñada y queso de cabra

Ingredientes

400 ml de vinagre balsámico

150 ml de aceite de oliva

150 ml de aceite de cártamo

20 nueces

400 g de azúcar

300 ml de vino blanco

130 ml de agua

sal y pimienta al gusto

240 g de espinacas

40 g de queso de cabra

180 g de pera mantequilla

Procedimiento

· Precaliente el horno a 120 °C.

· Mezcle 100 ml de vinagre balsámico, la sal y la pimienta. Agregue el aceite de oliva y el aceite de cártamo en forma de hilo. Emulsione y reserve.

· Tueste las nueces en el horno.

· Disuelva 150 gramos de azúcar en 150 mililitros de vinagre balsámico. Haga un caramelo a fuego bajo. Agregue las nueces y hornee hasta que el jarabe las nape totalmente. Reserve.

· Vierta en un cazo 150 mililitros de vinagre balsámico y 150 gramos de azúcar. Reduzca sobre el fuego hasta obtener un jarabe suave. Enfríe y reserve.

· Vierta en un cazo el vino blanco, el agua y 100 gramos de azúcar. Mezcle y caliente a fuego bajo.

· Pele las peras en un solo sentido y córtelas en forma de gajos. Poche las peras en la preparación de vino durante 20 minutos o hasta que se suavicen. Retire y reserve.

· Elabore pequeñas bolas de queso de cabra, 20 en total.

Montaje

· Sirva la ensalada con todos los elementos.

Ensalada de lechuga *frisée*, chicharrón, *cherry*, aderezo cremoso de limón

Ingredientes

Cremoso de limón

1 yema

15 g de mostaza de Dijon

250 ml de aceite vegetal

sal al gusto

3 limones

Vinagreta de limón

180 ml de aceite de oliva

60 ml de jugo de limón

sal al gusto

Montaje

2 lechugas *frisée*

sal al gusto

8 jitomates *cherry* amarillos cortados por mitad

8 jitomates *cherry* rojos cortados por mitad

50 g de chicharrón pulverizado

Procedimiento

Cremoso de limón

· Emulsione la yema de huevo con la mostaza e incorpore el aceite en forma de hilo. Al final agregue la ralladura de limón y la sal.

Vinagreta de limón

· Con un batidor globo emulsione el jugo de limón, el aceite de oliva y la sal.

Montaje

· Sirva la ensalada con todos los elementos. Acompañe con los jitomates *cherry* y el chicharrón.

Preparación: 20 min
Cocción: 50 min
Dificultad: 🎩🎩
Costo: 🛎🛎

Escargot al cilantro, puré de papa y chorizo

Ingredientes

Pesto de cilantro

50 g de cilantro

1 diente de ajo

5 g de piñón blanco

100 ml de aceite vegetal

sal al gusto

Puré de papa

250 g de papa blanca

20 g de mantequilla

10 ml de crema para batir

sal al gusto

Chorizo

50 g de chorizo

Escargots

10 g de mantequilla

1 diente de ajo picado en *brunoise*

20 *escargots* precocidos

10 ml de jugo de limón

sal al gusto

Montaje

hojas de cilantro

Procedimiento

Pesto de cilantro

- Blanquee el cilantro en agua hirviendo con sal y refresque en agua con hielo. Muela con el ajo, el piñón y el aceite hasta formar una pasta tersa; rectifique la sazón y reserve en refrigeración.

Puré de papa

- Pele las papas y cocine a partir de agua fría con sal hasta que estén cocidas. Escurra perfectamente y pase por un pasapurés.
- Caliente el puré e incorpore la mantequilla y la crema para batir; deje que se forme un puré homogéneo, rectifique la sazón y reserve.

Chorizo

- Caliente el chorizo en un sartén a fuego bajo hasta dorarlo. Retire el exceso de grasa constantemente.
- Cuando esté dorado, colóquelo en un trozo de manta de cielo y exprímalo para retirar el exceso de grasa. Reserve.

Escargots

- Caliente la mantequilla en un sartén y sofría ligeramente el ajo; agregue los *escargots* y saltéelos hasta que se cuezan. Justo antes de retirar del fuego, añada el jugo de limón y la sal, mezcle y retire del fuego.

Montaje

- Coloque sobre un plato el puré, encima el *escargot*, bañe con el pesto y finalice con el chorizo y hojas de cilantro.

Preparación: 20 min
Cocción: 1 h 20 min
Dificultad: 🍳🍳
Costo: ⚖ ⚖

Risotto del mercado de San Cosme

Ingredientes

Risotto

400 g de arroz arborio

c/s de aceite de oliva

1 ℓ de agua caliente

Puré de plátano macho

2 plátanos macho

½ ℓ de crema para batir

Chips de plátano macho

1 plátano macho

½ ℓ de aceite vegetal

Montaje

60 g de cebolla morada picada

30 g de chile verde picado

30 g de cilantro fileteado

1 plátano macho cortado en cubos

1 aguacate cortado en cubos

2 huevos cocidos partidos por mitad

Procedimiento

Risotto

· Saltee el arroz arborio con el aceite de oliva. Incorpore el agua en tres partes iguales y mueva constantemente. Cuando haya absorbido toda el agua, extienda en una charola hasta que se enfríe.

Puré de plátano macho

· Precaliente el horno a 150 °C.

· Hornee el plátano macho con todo y cáscara por 30 minutos. Pele y muela con la crema hasta formar un puré ligero. Cuele y reserve.

Chips de plátano

· Corte láminas de plátano de aproximadamente 8 centímetros de largo. Caliente el aceite y fría a una temperatura constante de 160 °C hasta que doren. Reserve en papel absorbente.

Montaje

· Caliente en un cazo el *risotto* con el puré de plátano macho. Cuando ambos estén incorporados, agregue la cebolla morada, el chile verde, el cilantro, el plátano macho y el aguacate. Al servir, acompañe con el huevo cocido y los *chips* de plátano.

POSTRES

Bisque de plátano y helado de cajeta

Ingredientes

Bisque de plátano

100 g de azúcar

½ raja de canela

la ralladura de 1 limón

3 plátanos Tabasco cortados en rebanadas

200 ml de leche

½ ℓ de crema para batir

1 pizca de sal

Plátano caramelizado

2 plátanos Tabasco

50 g de azúcar

10 ml de agua

Chips de plátano macho

1 plátano macho

½ ℓ de aceite

Montaje

½ ℓ de helado de cajeta

Procedimiento

Bisque de plátano

· Funda el azúcar y haga un caramelo oscuro. Incorpore la canela, la ralladura de limón y el plátano. Cocine por 4 minutos, agregue la leche y la crema, deje hervir. Incorpore la sal, muela, cuele, enfríe y reserve en refrigeración.

Plátano caramelizado

· Pele y corte por mitad los plátanos. Haga un caramelo ligero con el azúcar y el agua. Caramelice la superficie de los plátanos. Reserve.

Chips de plátano macho

· Pele y rebane el plátano en láminas delgadas. Caliente el aceite, fría las láminas y escurra sobre papel absorbente.

Montaje

· Sirva el *bisque* de plátano con los plátanos caramelizados, el helado de cajeta y un *chip* de plátano.

Brioche con nopal

Ingredientes

Brioche

1 pan *brioche* rectangular

100 ml de mantequilla clarificada

Salsa de tuna verde

1 rama pequeña de epazote

2 kg de tuna verde

300 g de azúcar

100 ml de agua

150 ml de jugo de naranja

50 ml de jugo de limón

Crema batida

800 ml de crema para batir

100 g de azúcar glass

Tallarines de nopal

5 nopales cambray

100 g de sal fina

Montaje

Sorbete de limón

Material específico

sifón con dos cargas de aire

tapete de silicón

Procedimiento

Brioche

· Corte el pan en cubos de 5 × 5 centímetros.

· Justo antes de servir, caliente en un sartén la mantequilla y dore los cubos de pan, uno por uno por todos lados. En la base de cada cubo haga un orificio y rellene con la crema batida. Reserve.

Salsa de tuna verde

· Blanquee la rama de epazote. Pele las tunas, trocéelas y cueza a fuego bajo con el azúcar, el agua y el epazote por 15 minutos.

· Retire las tunas del almíbar, muélalas y cuele.

· Mezcle los jugos de naranja y limón; redúzcalos sobre el fuego hasta obtener una miel. Enfríe y mezcle con la salsa de tuna.

Crema batida

· Mezcle la crema con el azúcar. Llene un sifón con capacidad de 1 litro e introduzca las cargas. Mantenga en un recipiente con hielo por 2 horas.

Tallarines de nopal

· Corte tiras muy finas de los nopales.

· Mezcle los nopales con la sal, deje reposar unos minutos, enjuague y escurra.

· Coloque tiras de nopal encontradas para formar cuatro rejas. Deshidrate en el horno sobre un tapete de silicón. Reserve las tiras restantes.

Montaje

· Coloque en un plato hondo la salsa de tuna. Encima el *brioche* relleno, los tallarines de nopal, un poco de sorbete de limón y una reja de nopal.

Preparación: 1 h
Cocción: 30 min
Dificultad: 🍳
Costo: ⚖ ⚖

Café de la olla

Ingredientes

Crumble de café

60 g de harina

50 g de almendra picada

50 g de azúcar

50 g de mantequilla pomada

50 g de café

Jalea de naranja

100 g de azúcar

200 ml de mezcal

½ ℓ de jugo de naranja

Montaje

½ ℓ de helado de piloncillo

caramelo perfumado a la canela al gusto

flores comestibles al gusto

Procedimiento

Crumble de café

· Mezcle todos los ingredientes y deje reposar por 1 hora.

· Precaliente el horno a 180 °C y hornee el *crumble* hasta que tenga una textura arenosa y consistente. Reserve.

Jalea de naranja

· Haga con el azúcar un caramelo oscuro. Flamee con mezcal y agregue el jugo de naranja; reduzca a ¼ de su volumen y enfríe.

Montaje

· Coloque sobre un plato el *crumble*, el helado de piloncillo y la jalea de naranja. Termine con las flores comestibles y el caramelo de canela.

Crème brûlée de vainilla de Papantla

Ingredientes

5 yemas

125 g de azúcar

½ vaina de vainilla de Papantla

450 ml de crema para batir

4 frambuesas

4 hojas de menta

4 rectángulos de chocolate

azúcar al gusto

Material específico

4 moldes individuales

soplete de cocina

Procedimiento

· Bata las yemas con la mitad del azúcar hasta que se blanqueen. Reserve.

· Raspe la vaina de vainilla y agréguela a la crema con sus semillas. Caliéntela con el azúcar restante hasta que dé un ligero hervor; retire del fuego.

· Tempere las yemas en la crema y regrese al fuego moviendo constantemente y cerciorándose de que nunca hierva. Cuele y vacíe en moldes. Refrigere.

Montaje

· Con un soplete de cocina caramelice la *crème* con el azúcar. Decore con la frambuesa, la hoja de menta y los rectángulos de chocolate.

Preparación: 20 min
Cocción: 30 min
Dificultad: 👨‍🍳👨‍🍳
Costo: 🍽️🍽️

Cremoso de pastel de elote y cajeta

Ingredientes

Cremoso de pastel de elote

100 g de mantequilla

4 elotes desgranados

220 g de queso crema

700 ml de leche

200 g de cajeta

Caramelo

200 g de isomalt

2 flores comestibles

Montaje

flores comestibles al gusto

Procedimiento

Cremoso de pastel de elote

· Funda la mantequilla, agregue los granos de elote y cueza por 10 minutos a fuego medio. Incorpore el queso crema y la leche; cocine por 10 minutos más. Muela, cuele y enfríe.

· Coloque cajeta en el fondo de un recipiente, rellene con el cremoso y reserve en refrigeración.

Caramelo

· Caliente el isomalt en un sartén. Cuando se haya derretido por completo, deje que se tempere; estire el caramelo, introduzca un pétalo de flor en cada uno, deje que enfríe, corte con un cuchillo caliente y reserve.

Montaje

· Sirva el cremoso con la decoración de caramelo y las flores.

Blanquear: se puede definir como una precocción del alimento. Consiste en sumergir los alimentos crudos por pocos minutos en agua hirviendo (generalmente con sal) para después ser enfriados en agua con hielo y escurrirlos, antes de ser cocidos. Este proceso permite ablandar, depurar, eliminar el exceso de sal, quitar la acidez, pelar fácilmente o reducir el volumen de los ingredientes.

Brunoise: cubos muy pequeños de aproximadamente 3 milímetros por lado.

Chile amashito: llamado también amax o amaxito, es un chile pequeño de hasta 2 centímetros, de forma elíptica y a veces redonda, antes de madurar es de color verde, y rojo al madurar. Es picante, pertenece al grupo de los piquines y es considerado el chile del estado de Tabasco por excelencia.

***Concassée* de jitomate**: cubos pequeños de jitomate sin piel ni semillas. Para elaborarlos hay que calentar agua en un cazo y hacer una incisión en forma de cruz en la base de cada jitomate. Posteriormente se sumergen por 20 segundos en agua hirviendo y se refrescan en agua con hielo. Se pelan, se cortan en cuartos a lo largo y se eliminan las semillas para picarlos finamente. Si se desea obtener *brunoise*, ya con los "pétalos" de jitomate limpios, se emparejan para cortarlos en julianas y posteriormente en *brunoise*.

Iber Gourmet®: es un procesador o "robot" de cocina con diversos aditamentos que amasa y fermenta masas, tritura, calienta, pulveriza, monta crema, muele y cuece los alimentos. Otro nombre con el que se le conoce es Thermomix®.

Isomalt: este producto es un edulcorante hecho a base de azúcar. Una ventaja es que no es higroscópico; es decir, no absorbe la humedad y, por lo tanto, no se pega. Se compra en tiendas especializadas de repostería. Para utilizarlo, sólo caliéntelo en un sartén limpio, espere a que se funda (en este paso coloree si lo desea) y trabájelo. Con él se obtienen mejores resultados que con el azúcar normal al hacer decoraciones.

Juliana: tiras largas y finas.

Lecitina de soya: es un lípido que contiene fósforo, cuya presentación generalmente es en polvo. Se extrae del frijol de soya y es utilizado por sus propiedades emulsificantes, humectantes, lubricantes, dispersantes y como modificador de viscosidad o cristales, entre otros. En cocina, aparte de los usos anteriores, se utiliza para hacer los "aires" o "espumas" pertenecientes a la cocina molecular.

Mantequilla clarificada: el proceso básico consiste en fundir lentamente 250 g de mantequilla o más en un cazo a una temperatura que no rebase los 60 °C (no debe hervir). Al formarse espuma en la superficie, se retira del fuego y se deja reposar. Cuando se separan los sólidos lácteos del líquido, se elimina cuidadosamente la espuma superficial con una cuchara, se decanta lentamente el líquido y desechan los sólidos del fondo. Se conserva en refrigeración el líquido obtenido.

Microgreen: este término puede referirse a hierbas, ensaladas, flores comestibles o vegetales de hoja de tamaño miniatura. Son sencillos de cultivar, requieren poco espacio y algunas de las variedades son arúgula, albahaca, lechugas, hinojo, espinaca, crisantemo, entre otros.

Mixer: es un artefacto de cocina manual que incluye diversos aditamentos. El uso más común es para mezclar, martajar o moler los alimentos. Otros nombres son *brazo* o *procesador manual*.

Sal de Nayarit: sal de grano especial utilizada con fines culinarios.

Sifón: utensilio de cocina utilizado para montar crema y hacer espumas o *mousses*. Fue desarrollado en la década de los 90 por el equipo de cocina de *El Bulli*, restaurante del chef Ferran Adrià. El mecanismo consiste en llenar el cilindro de metal con una mezcla líquida o semilíquida sin grumos, incorporar aire comprimido (NO_2)

mediante cápsulas y, finalmente, refrigerar o mantener a baño María para ser utilizado. El producto final puede ser dulce, salado, frío o caliente.

Tapete de silicón: plancha flexible antiadherente, utilizada por primera vez en Francia en 1982. Está elaborado con una fibra que proporciona una antiadherencia perfecta, ideal para trabajar caramelo, chocolate o como aislante para que no se peguen los productos durante el horneado. Resiste temperaturas hasta de 250 °C.

Temperar: homogeneizar uno o más ingredientes o mezclas con diferentes temperaturas. Este proceso se realiza cuando el choque súbito de temperaturas podría afectar la textura y consistencia del producto final. Para hacerlo, se agrega en tandas pequeñas el producto más caliente al más frío, revolviendo constantemente, hasta finalizar. Si la receta lo requiere, se somete a una cocción posterior.

Índice